BEI GRIN MACHT SICH IHR WISSEN BEZAHLT

- Wir veröffentlichen Ihre Hausarbeit, Bachelor- und Masterarbeit

- Ihr eigenes eBook und Buch - weltweit in allen wichtigen Shops

- Verdienen Sie an jedem Verkauf

Jetzt bei www.GRIN.com hochladen und kostenlos publizieren

Bibliografische Information der Deutschen Nationalbibliothek:

Die Deutsche Bibliothek verzeichnet diese Publikation in der Deutschen National-
bibliografie; detaillierte bibliografische Daten sind im Internet über http://dnb.d-
nb.de/ abrufbar.

Impressum:

Copyright © 2014 GRIN Verlag, Open Publishing GmbH
Druck und Bindung: Books on Demand GmbH, Norderstedt Germany
ISBN: 9783668586154

Dieses Buch bei GRIN:

https://www.grin.com/document/383126

Ipek-Jorina Dogan

Theaterpädagogik als Unterstützung bei der Bewältigung von Alltags- und Lebensthemen für Schulkinder

GRIN Verlag

GRIN - Your knowledge has value

Der GRIN Verlag publiziert seit 1998 wissenschaftliche Arbeiten von Studenten, Hochschullehrern und anderen Akademikern als eBook und gedrucktes Buch. Die Verlagswebsite www.grin.com ist die ideale Plattform zur Veröffentlichung von Hausarbeiten, Abschlussarbeiten, wissenschaftlichen Aufsätzen, Dissertationen und Fachbüchern.

Besuchen Sie uns im Internet:

http://www.grin.com/

http://www.facebook.com/grincom

http://www.twitter.com/grin_com

Inhalt

Einleitung

Ich bin eine begeisterte Theaterbesucherin. Als Zuschauerin bin ich Teil jeder Aufführung. „Theater ist immer ein persönliches Erleben, welches über den bloßen Unterhaltungswert hinausgeht."[1] Das, was ich auf der Bühne gezeigt bekomme, bewegt, rüttelt auf und berührt. Ich erinnere mich an Wünsche und Träume und finde mich wieder. Theater schafft Bilder und Symbole und lässt Unmögliches möglich erscheinen. Es ist die Verwandlung, die weniger zu greifen als zu empfinden ist.[2]

Um einen Blick hinter die Kulissen zu wagen und am Theater aktiv mit zu gestalten, habe ich mich im Sommer 2012 für einen Spielclub in Stuttgart angemeldet. Bis Februar 2013 entstand eine Spielgruppe von vier Jungen und Mädchen, die aus ihrem Heimatland nach Deutschland geflüchtet sind und zwei Mädchen, die aus Stuttgart kommen (eine von den beiden war ich). Gemeinsam entwickelten wir mit einem Theaterpädagogen und einer Autorin ein Stück zum Thema Flucht und Vertreibung aus der Heimat, Freundschaft, Begegnungen zwischen Jugendlichen, die sich fremd sind aber langsam Annäherung suchen. Am 8. November 2013 feierten wir die Premiere von „Salzherz". Das Stück wurde ein Erfolg.

Das alles klingt sehr aufregend, wertvoll und gut. Diesen Eindruck möchte ich auch nicht schmälern. Nur ist es wichtig, einen weiteren Blick hinter die Kulissen, in die Arbeit zwischen den Zeilen zu werfen. Bevor ich an dem Projekt teilnahm, hatte ich mich bereits etwas mit Theaterpädagogik beschäftigt. Mich interessierte vor allem die Umsetzung. Nun bot der Spielclub eine gute Gelegenheit, mich selber von einem Theaterpädagogen anleiten zu lassen und zu erleben, wie er mit uns arbeitet.

Zu Anfang standen das Kennenlernen, die Verständigung und die Faszination füreinander im Vordergrund. Wir näherten uns alle behutsam an. Die Rolle, mich als Spielerin zu entdecken, machte mir große Freude.

Die pädagogische Begleitung unseres Projektes erwies sich als große Herausforderung. Die Rolle der Spielleitung war nicht leicht zu besetzen. Die Menschen und die Themen, die wir waren und auch im Theater verkörperten, waren schwere Kost, hoch sensibel und emotional intensiv. Die Schwelle, uns aufeinander einlassen zu können, war hoch

---

[1] Strasser, Felix 2002: Figurentheater in der Grundschule – Handbuch für Theorie und Praxis. Schneider Verlag Hohengehren GmbH, S.6
[2] Vgl. ebenda, S.1

2

und schwer zu überwinden. Pädagogisch wurde darauf eher unsicher reagiert. Die Versuche, mit uns ins Gespräch zu kommen etwas bemüht und hilflos. Sobald die Öffentlichkeit ihr Interesse zeigte und in Zeitungs- und Radiointerviews auf uns zukam, klang alles sehr durchgeplant und sinnvoll. Die Absichten und Ziele schienen ohne Zweifel aufgezeigt, das Lob für die Gruppe überschwänglich. Leider hatten wir mehr Probleme, als offen zugegeben. Die Regieführung war angespannt und der Fokus lag auf dem Endergebnis, dass wir präsentieren sollten. Zudem wurden wir kaum nach unseren Ansichten gefragt und von Entscheidungsprozessen, die uns betrafen, ausgeschlossen. Am Ende des Projektes wurden wir uns leider ziemlich selbst überlassen. Wir konnten keinen Abschied gestalten und das Projekt im Guten beenden. Die Spannung stieg und scheinbar unerklärlicher Streit stand plötzlich im Raum. Mit der Derniere, die auf der Bühne sehr unter unseren Verunsicherungen litt, war es vorbei. Keine Aussicht auf ein organisiertes Wiedersehen. Für uns als Gruppe sehr frustrierend.

Im Nachhinein sage ich, dass noch viel ungeöffnetes Potenzial in diesem Projekt steckte. Wir alle waren zwar besondere Jugendliche mit sechs einzigartigen und reichen Biografien, von denen das Theater profitierte. Doch waren wir auch ganz normale Menschen dieser Lebensphase, die sich mit Themen, wie Freundschaft, Schule, Musik, Familie, Ängsten, Problemen, Zukunft etc. beschäftigten. Dies wurde zu wenig berücksichtigt. Der Erwartungsdruck und Antrieb bezüglich der Ablieferung war doch immer im Vordergrund. Der Umgang mit den jugendlichen Flüchtlingen hätte noch intensiver, bereichernder und nachhaltiger werden können. Die Absicht, diese Menschen in ein solches Projekt hineinzunehmen, dass sie sonst von alleine nicht erreichen konnten, war und ist wertvoll. Doch wenn ich nun sehe, wie unsere Gruppe am Schluss in eben die gleichen Stücke zerfiel, in denen wir uns ganz am Anfang begegneten, finde ich es sehr traurig. Ich habe einzigartige, schöne, unvergessliche, schwere und kritische Erfahrungen gemacht, die ich nicht missen möchte. Nun möchte ich diese als Ausgangslage für mein folgendes Forschungsinteresse nutzen.

Wir alle spielen Rollen in unserem Leben, die wir kennen. Vielleicht durchschauen wir sie nicht immer. Hinterfragen nicht unser Verhalten, weil es einfach gewöhnlich ist und von anderen nun auch so erwartet wird. Welche Rollen werden zum Beispiel von jugendlichen Flüchtlingen, von Jugendlichen und Kindern mit Migrationshintergrund, von Jugendlichen aus Brennpunkten, von Jugendlichen aus wohlgesitteten Familien, von Jugendlichen mit künstlerischen Begabungen etc. in unserer Gesellschaft erwartet?

Welche Rollen gilt es also zu spielen? Wo stehen wir wirklich auf der Bühne? Im Theater oder auf der Straße? Die Theaterpädagogik ist meiner Meinung nach eine Möglichkeit Rollen zu hinterfragen. Sich in seinem Leben zu betrachten, neue Verhaltensmöglichkeiten zu erproben und aus festgefahrenen Rollen auszubrechen. Die Kunst ist, einen Ort zu schaffen, wo so etwas möglich ist. Was gehört also dazu?

Im Besonderen untersuche ich die Lebenssituationen von Schulkindern. Womit beschäftigen sie sich, welche Hürden müssen sie bewältigen, was wird von ihnen erwartet. Dabei ergibt sich ein komplexes Gefüge, indem sich Schulkinder heute bewegen (müssen). Angesichts der heutigen Anforderungen, die die Gesellschaft an Schulkinder stellt, suche ich nach Möglichkeiten, Hilfestellungen anzubieten, mit denen sie ihren Alltag besser bewältigen können. Welche Fragen muss ich mir also in der Position der Spielleitung bezüglich meiner Selbsteinschätzung und Reflexion stellen? Wie viel „Leitung" braucht es? Welche Rolle spiele ich?

Ich möchte durch die Methode der Theaterpädagogik eine Gegenbewegung zum System Schule und zur Ergebnisorientierung unserer Leistungsgesellschaft aufzeigen. Dass Handlungsfreiheit nicht zum befürchteten Disziplinproblem, sondern zu Handlungssicherheit führen kann. Im Theaterspielen geht es nicht um die egozentrische Konzentration auf das eigene Schaffen und sich allein. Beziehungen und die Freude am gemeinsamen Gestalten ist ein bedeutender Teil dieser Arbeit. Für sich und mit anderen kann zu künstlerischem Schaffen und Ausdruck gefunden werden. Zuletzt werde ich ein paar spielerische Übungen aus der Theaterpädagogik für Schulkinder beschreiben.

Nun, Bühne frei, Vorhang auf!

2. Theaterpädagogik

2.1 Was ist das?

„Theaterpädagogisches Arbeiten ist nicht die kleine Schwester der großen Kunst Schauspiel, sondern eine eigenständige Art und Weise, künstlerische, theatral inspirierte Prozesse und Aufführungen zu entwickeln, bei denen der spielende Mensch mit seiner Biografie im Mittelpunkt steht – doch das nicht zum Zweck der reinen Selbsterfahrung, sondern mit dem Ziel, anderen davon zu erzählen, in spannenden Geschichten, die einer Öffentlichkeit nicht nur standhalten, sondern diese selbstbewusst suchen." [3]

Der Begriff „Theaterpädagogik" als solcher besteht noch nicht lange und hat einen langen Weg zur Akzeptanz und Bekanntheit hinter sich. Er vereint zwei Wörter, zwei Arbeitsbereiche, zwei Welten, die sich einander angenähert haben. Die Pädagogik, die die didaktisch- und methodische Anwendbarkeit des Theaters entdeckte und das etablierte Theater, das seine Inhalte näher an das Publikum bringen und mit ihm kommunizieren wollte. So haben sich diese beiden Richtungen in der Bezeichnung der Theaterpädagogik getroffen und ein eigenes, fachliches Berufsbild entwickelt. Trotzdem ist diese Berufsbezeichnung in Deutschland nicht staatlich anerkannt, also nicht geschützt. Die Ausbildungsmöglichkeiten sind vielfältig und sehr verschieden aufgebaut. Es gibt sogenannte Grundausbildungen (Fortbildungen), Studiengänge, Vollzeit oder- berufsbegleitende Ausbildungen. [4] Die Angebote dieser Institutionen unterscheiden sich oft sehr stark zum Beispiel im Verhältnis von theoretischen und praktischen Anteilen.

Heute beschreibt Theaterpädagogik also die Arbeit zur Eröffnung neuer künstlerischer Gestaltungs- und Verwandlungsräume. Gemeinsam werden neue Ausdrucksmöglichkeiten und Kommunikationsformen entdeckt und diese in ein ästhetisches und soziales Gefüge eingebettet, aus dem in der Gruppe ein erzählendes Theater entstehen kann. [5]

Der Beruf des Theaterpädagogen und der Theaterpädagogin umfasst künstlerische, sowie pädagogische Aufgaben. Alle Menschen unabhängig ihres Alters, Herkunft und

---

[3] Gruber, Helga: Die Bedeutung des Theaters für Kinder heute – Theater als Erfahrungsfeld zur Entwicklung von neuen Methoden in der Pädagogik. In: Theaterpädagogische Zeitschrift für Berlin und Brandenburg. URL http://www.spielart-berlin.de/rubriken/paedagogik.html

[4] Vgl. Winter, Matthias: Ratgeber & Tips zur Ausbildung Theaterpädagogik. URL http://www.ausbildung-theaterpädagogik.de/html/theaterpaedagogik-einfuehrung.html

[5] Vgl. Hochschule für Künste im Sozialen, Ottersberg – Theater im Sozialen – Theaterpädagogik. URL http://www.hks-ottersberg.de/studium/theaterpaedagogik/

gesellschaftlichen Schichten können etwas Gemeinsames erschaffen und erleben. Wichtig ist, sich seiner Rolle als Theaterpädagoge und als Theaterpädagogin bewusst zu sein. Ein hohes Maß an Einfühlungsvermögen für die Menschen, die sich öffnen und ein hohes Vertrauen in die gemeinsamen Prozesse legen, ist unverzichtbar. Das Vereinen der Kunst mit der Pädagogik ist ein nicht zu unterschätzendes, sensibles und zugleich sehr fruchtbares und erfolgreiches Unterfangen. Es ist immer wieder wichtig, sich als Begleiterin zu verstehen und nicht allein als Regieführende. Dazu gehört auch, sich der Gefahr, die Gruppe als Mittel zur eigenen produktiven Selbstverwirklichung zu benutzten, bewusst zu sein und sich an dieser Stelle immer wieder zu überprüfen!

Die Einsatzmöglichkeiten der Theaterpädagogik sind sehr vielfältig. Ob in Kindertageseinrichtungen, Schulen, am Theater, in Sucht- und gewaltpräventiven Projekten, Rehabilitations- und Therapiezentren etc.[6] Der situationsorientierte Ansatz dieser Arbeitsform bietet vielen Menschen die Möglichkeit, etwas Neues zu wagen, zu finden und sich fallen zu lassen. Sie können die Veränderung, Bewegung und Heilsamkeit dieser Kunstform erleben, die ihre Stärke und ihren Wert durch das öffnen der Fähigkeiten jedes einzelnen Akteures gewinnt.

3. Alltagsbewältigung

3.1 Themen, Interessen und Hürden von Schulkindern

Die Bedingungen des Heranwachsens von Kindern haben in den letzten Jahren einen deutlichen Wandel vollzogen. Das Verständnis von Kindheit und Familie hat sich verändert.[7] Die Erwartungen, Einflüsse und Eindrücke, die die heutigen Lebenssituationen von Schulkindern prägen, bringen neue Herausforderungen, Aufgaben und auch Chancen mit sich. Betrachtet man das Bild, dass wir Heute von der Lebensphase Kindheit und Jugend haben, so finden sich doppelte, fast widersprüchliche Botschaften. Zum einen ist dies eine Phase, die sich mit ihrer inneren Entwicklung, dem Lernen, der Identitätsbildung beschäftigen soll. Zum anderen ist dieses Leben von der Gesellschaft bestimmt. Darauf angesetzt gesellschaftlichen Erwartungen und Verhältnissen und vor

---

[6] Vgl. Knaak, Jennifer: Was ist eigentlich Theaterpädagogik? URL http://www.jennifer-knaak.de/biodanza/theaterpaedagogik.html
[7] Vgl. Münchmeier, Richard 1999: Kindheit und Familie im Wandel – neue Herausforderungen, S.9

allem Zukunftsvorstellungen zu entsprechen. So rückt der biografische Sinn der Jugendphase in einen gesellschaftlichen Nutzen.[8]

Auch die familialen Strukturen sind abhängig vom gesellschaftlichen Wandel. Das klassische Rollengefüge ist längst überholt. Familie ist nicht mehr unbedingt die stabile Intimgruppe, die alles auffängt. Diskontinuität, Trennung, wechselnde Bezugspersonen prägen das Bild. Früh müssen hohe soziale Kompetenzen erbracht werden, Bindungen zu lösen und neue einzugehen. Durch die Verkleinerung der Familiengrößen nimmt der Anteil der Einzelkinder zu. All dies hat eine frühe Vereinzelung zur Folge. Die Kinder sind vorzeitig auf sich allein gestellt.[9]

Das Konfliktpotenzial steigt. In der Schule gilt diese Not eher als ein Disziplinproblem und wird unbewältigt als störend abgetan. Ein Ort, an dem Kinder und Jugendliche einen großen Teil ihrer bisherigen Lebenszeit verbringen. Zeit, die sie maßgebend beeinflusst und prägt. Leider steigen die Belastungen des SchülerInnenseins zunehmend. Die Erwartungen an hohe Bildungsabschlüsse sind groß. Das schulische Scheitern wird zum persönlichen Versagen.

Die Organisation der Kinderbetreuung verlagert sich auf öffentliche Einrichtungen. Der Kinderalltag findet vermehrt an vielen einzelnen Orten statt. Ihr Terminkalender inzwischen vergleichbar mit dem der Erwachsenen. Hier spricht Richard Münchmeier vom Phänomen der „Verinselung" des Kinderalltags. Es heißt, sich ständig „angemessen" verhalten zu müssen und sich Regeln und Logiken von Institutionen unterzuordnen. Der Schonraum der Lebensphase Kindheit wird zunehmend vom „Ernst des (Erwachsenen-) Lebens" bedrängt.[10]

Großes Thema ist die verstärkte Mediennutzung. Die Fähigkeiten im Umgang mit Handy, Spielekonsole und Co entwickeln sich rasant. Der Ehrgeiz diese zu erwerben und zu vertiefen gewinnt an Bedeutung. Auch hier hat der Vergleich unter Gleichaltrigen eine neue Plattform gefunden, um sich zu messen und auszustechen. Zudem bringt der kontinuierliche Einfluss von Medien Erwachsenenthemen, wie zum Beispiel Gewalt, Sucht, Kriege und Umweltkatastrophen in das Gespräch von Kindern.[11] Das muss eine Ver-

---

[8] Vgl. Münchmeier 1999, S.10
[9] Vgl. a.a.O., S.15
[10] Vgl. a.a.O., S.16
[11] Vgl. a.a.O., S. 16-17

stärkung der pädagogischen Aufgaben von Fachkräften bedeuten, um Kindern und Jugendlichen einen angemessenen und reflektierten Umgang zu vermitteln.

Der Wunsch, Gleichaltrige und soziale Räume aufzusuchen, die nicht von Erwachsenen kontrolliert werden, nimmt zu. Das Bedürfnis nach Entlastung und ausgleichenden Gegenwelten wird geradezu von den alltäglichen Belastungen und dem Abverlangen von Leistungen, wie Selbstdisziplinierung provoziert. Das Verlangen nach ausbrechen, „Wildsein", nach „Über-die-Stränge-schlagen" und sich lustvoll austoben, verschärft sich. Paradoxerweise werden gleichzeitig Toberäume, wie Bolzplätze, an denen sich das aufbrausende Jugendleben erstrecken kann, immer rarer. So sammeln sich Kinder und Jugendliche dort, wo sie eigentlich unerwünscht sind. Suchen sich „'Zwischenräume'"[12] zwischen den Einrichtungen.[13] Wo sollen sie also hin?

3.2 Sich finden, sehen, verstehen

Ein Ort, an dem Theaterpädagogik mit Schulkindern stattfindet, kann eine wichtige Anlaufstelle sein. Hier geht es um jedes einzelne Gesicht. Um jede Biografie. Um Stärken, Interessen und Ideen. So stark, wie sich jeder und jede einzelne fühlen kann, so reich profitiert das gemeinsame Schaffen. Wichtig ist die Gewährleistung von Freiwilligkeit, Wertschätzung und einem sensiblen Umgang, mit dem, was alle Teilnehmerinnen und Teilnehmer einbringen und von sich preisgeben, damit ein vertrauensvoller Umgang entstehen kann.

Unsere allgemeine Wahrnehmung richtet sich sehr häufig auf unsere äußere Umwelt. Sie orientiert sich an objektiven Erscheinungen, die uns spontan ins Auge fallen. Wir entscheiden, ob uns das, was wir sehen, gefällt oder nicht. Erfinden Geschichten und stellen Vermutungen zu Dingen und Menschen an. Urteilen über ihr Verhalten. Bestimmen Tatsachen. Heißt es nun, den Blick einmal nach innen zu richten, könnte es passieren, dass manche Menschen ins stutzen kommen. Fragen, wie: wer bist du, was fühlst du, was denkst du? lassen sich nicht immer schnell und sicher beantworten.

---

[12] Böhnisch, Lothar 1994: Gespaltene Normalität. Weinheim und München, zitiert nach Münchmeier 1999
[13] Vgl. Münchmeier 1999, S.17

Bevor wir etwas finden, müssen wir es suchen. So auch mit der Suche nach sich selber. Das Bild, das viele Menschen von sich selber haben, ist erschreckend negativ. Die Antwort auf die Frage nach den eigenen Stärken scheint mühevoller, als die nach den Schwächen. Es ist sehr bedeutend zu sich selber zu kommen. Die eigenen Energien zu entdecken und selbstbewusst aus ihnen zu schöpfen. Jedoch fehlt oft etwas Entscheidendes. Ein liebevoller, ermutigender, bedingungsloser Blick von Außen. Um sich selber sehen zu können, muss man gesehen werden. Dem Kind das Gefühl geben, interessant und wichtig zu sein. Bewusst hören, was es zu sagen hat. „Schau mal, wie toll du bist!" Mit der Theaterpädagogik kommt die Freiheit, jedem Impuls Raum geben zu können. Der Fokus richtet sich auf die Fähigkeiten. Für ein Kind ist das Entdecken eigener Fähigkeiten von großer Bedeutung. Und nicht nur in dieser Lebensphase. Ein Leben lang ist das eigene kraftvolle und erfolgreiche Erleben enorm bedeutend. Dies wirkt sich auf das Verständnis für sich selber aus (Selbstverständnis). Die Antennen für das persönliche Feingefühl werden geschärft. Das Erfassen eigener Gefühle, Bedürfnisse und Verhaltensweisen ist Voraussetzung, dass auch eine selbstkritische Betrachtung möglich ist. Denn ist es nicht unser aller Bedürfnis selbstwirksam und fähig zu sein? – Ja, das wollen wir! Und wir haben ein Recht darauf!

3.3 Keine Leistungsorientierung – Gegenbewegung Schule

Oft erfahren Schulkinder schon in der Grundschule primär, sich an vorgefertigte Regeln, schablonenartige Aufgaben und konformes Lernen zu halten. Dem Freiraum für eigene Gestaltung und Entfaltung wird nur zögernd eine Existenzberechtigung zugesprochen. Und diese Toleranz bleibt dann leider häufig auch nur eine Schutzbehauptung. Der Formzwang lässt kaum Alternativen zu und führt unvermeidlich zu Kindern, die aus dem Rahmen fallen. Leider sind diese Reaktionen Störfaktoren, die mit Mühe und Not unterbunden und gleichgeschaltet werden sollen. Zwar haben sich die Erziehungsziele auch in der Schule in den letzten Jahren auffallend von Gehorsam und Unterordnung zu Selbständigkeit und eigener Wille verändert.[14] Doch auch hier sind die Botschaften mit doppeltem Boden versehen. „Selbständigkeit und Eigenkompetenz als optimale Voraussetzungen für das Vorankommen in der Wettbewerbs- und Leistungs-

---

[14] Vgl. Münchmeier 1999, S.20

gesellschaft"[15] sind kompetent klingende und vernünftige Absichten. Aber wie sieht das dann in der Umsetzung aus? Das Schulsystem ist noch lange nicht da angekommen, wo es sich gerne in seinen Versprechungen sehen würde. Das dreigliedrige System verleitet tendenziell zur Abwertung der unteren Schulabschlüsse zu Gunsten höherer. Die Kinder werden enorm früh in Schubladen und Erwartungsfenster gedrängt, aus denen sie möglichst schnell aber kaum realisierbar aussteigen und in immer bessere Bildungschancen aufstreben sollen. Der Konkurrenzkampf wird angefeuert. Der Druck steigt. Viele Eltern neigen dazu, diesen auch noch zu erhöhen und mit ihren Statusvorstellungen zu verknüpfen.[16]

Nun eine Gegenbewegung hierzu zu schaffen, bedeutet: es besteht kein Leistungs- und Ablieferungsdruck, kein Zwang, keine Konkurrenz, keine Abwertung. Sondern: Handlungsorientierung, Freude am gemeinsamen Gestalten, an Überraschungen, Spontaneität und Impulsivität. Themen, wie Identität, Freundschaft, Wünsche, Gefühle, Ängste, Streit, Familie und Abenteuer werden Raum gegeben.

Trotz allem schließt sich Schule als ebenso attraktiver Ort für theaterpädagogische Angebote nicht aus. Zunehmend wird das Interesse der Umsetzung populärer. Das darstellende Spiel kann im kooperativen Arbeiten eine große Chance für die Beziehung und den Umgang zwischen Lehrern, Lehrerinnen und Schülern, Schülerinnen bedeuten. Die Jungen und Mädchen lernen hier für sich selber und ihre Lebensgestaltung.[17] Hamburg ist in diesem Fall Vorreiter. Hier wird seit dem Schuljahr 2011/2012 Darstellendes Spiel/Theater als Pflichtfach in der Grundschule und Unterstufe unterrichtet.[18] Sie führen hiermit ein Angebot an staatlichen Schulen ein, dass beispielsweise in der Waldorfpädagogik schon immer ein zentrales Element war. In Bayern und Berlin werden bereits „Darstellendes Spiel" oder „Dramatisches Gestalten" als Wahlfächer angeboten. In Baden-Württemberg, Nordrhein-Westfalen und Schleswig-Holstein gibt es vereinzelt, auch unbewertete Kurse. Dennoch gibt es keine allgemeinen verbindlichen Grundlagen und Richtlinien.[19] Nur einzelne Schulen leisten dieses Angebot, da bisher nur eine Handvoll Fachkräfte dafür ausgebildet sind.

---

[15] Münchmeier 1999, S.20
[16] Vgl. Münchmeier 1999, S.17
[17] Vgl. Strasser 2002, S.6
[18] Vgl. Wikipedia: Darstellendes Spiel. URL http://de.wikipedia.org/wiki/Darstellendes_Spiel
[19] Vgl. Thiesen, Peter 1994: Drauflosspieltheater – Ein Spiel- und Ideenbuch für Kindergruppen, Schule und Familie, Beltz Verlag, Weinheim und Basel

3.4 Handlungsfreiheit – Handlungssicherheit

In unserem Alltag spielt Kontrolle eine beständige Rolle. Impulsivität dagegen sorgt eher für Verwunderung und Unverständnis und ist einigen Menschen mehr fremd, als angenehm. Dabei wirkt Kontrolle hemmend auf Impulse und spontane Einfälle, die wir haben, aber nicht zulassen. Kontrolle zu verlieren wird mit einem negativen Verlust der Selbstbeherrschung verbunden. Als hätte man keine Entscheidungsgewalt mehr über das eigene Handeln. Was aber passieren kann, wenn losgelassen und sich selber vertraut wird, ist ausgelöstes Erstaunen, Leichtigkeit und Phantasie. Meinem Empfinden nach, klingt das nach Kunst. Warum handeln wir also nicht immer aus dem Bauch heraus?

Handlungsfreiheit bedeutet, impulsiv zu handeln. Das gewöhnliche Gegenteil davon ist das Reagieren. Auf Reize werden abgewartet, bis oder damit reagiert werden kann. Dies lässt sich mit einer ausharrenden Haltung vergleichen. Solange ich keinen Input von außen bekomme, kann ich auch nichts entgegnen oder erwidern. Nun ist es also eine Herausforderung, sich nicht nur an äußerliche Gegebenheiten zu binden, sondern einfach aus sich heraus zu handeln. Indess steht einem zumeist das große und zögernde Gedankengerüst des Kopfes im Weg. Das lange abwägen und überprüfen, damit man bloß nichts falsch macht. Diese Fehlerorientierung scheint mir fest in unserer Gesellschaft verankert, sodass es sich nur langsam davon zu lösen gelingt. In der Praxis heißt es also nun, weg von: „Du darfst nicht, du kannst nicht". Derartige Äußerungen unterbrechen den kreativen und ungehemmten Fluss. Und jeder macht mal Fehler. Ohne dafür reglementiert zu werden. Wobei sich mir da die grundlegende Frage stellt, ob es überhaupt ein Richtig und ein Falsch in dieser Wertung gibt? Nein, das denke ich nicht. Es gibt Regeln und Vereinbarungen im gemeinsamen Spiel. Doch etwas Falsches kann nicht geschehen. Alle Äußerungen, Fragen, Verhaltensweisen, Ideen und Störungen gehören zum Prozess und tragen zum Gewinn bei. Diese Haltung ist eine wichtige Voraussetzung, damit sich möglichst alle angstfrei und ohne Hemmungen bewegen können. Sobald die Kopflastigkeit geringer wird, wachsen die Leichtigkeit und der Raum für Phantasie. Spontaneität fordert Flexibilität. Sich auf bewusste Planlosigkeit einlassen zu können, setzt Vertrauen in sich selber und in andere voraus. Intuitiv zu handeln und sich dabei selber zu spüren, kann ein neues und bereicherndes Gefühl sein. Das Potenzial für die eigenen Energien wird eröffnet und zum Einsatz gebracht. Die Sicherheit für das eigene Handeln kann sich entwickeln und wachsen.

So soll es jedem und jeder einzelnen und der Gruppe bei all den pädagogischen Intentionen vor allem Spaß bringen. Das bedeutet:

- Alle haben die Möglichkeit mitzuspielen!
- Lust und Freude am Ausprobieren und Experimentieren.
- Vergnügen am Darstellen.
- Neugierig zu sein.
- Ideen und Vorschläge werden aus dem Augenblick heraus umgesetzt.
- Freude am körperlichen Ausdruck (Sprache, Bewegung etc.)
- Selbstsicher werden.
- Einfühlungsvermögen auslösen und intensivieren.
- Aktiv werden.
- Selbsttätigkeit erleben.
- Vergnügen im gemeinsamen Spiel mit anderen.[20]

4. Spielleitung – Prozesse gestalten

4.1 Einzel- und Gruppenprozesse

Es ist wichtig, dass die Prozesse und nicht das Ergebnis gelten. Innerhalb einer Gruppe können viele dieser Vorgänge beobachtet und daran angeknüpft werden. So durchläuft jedes einzelne Kind Prozesse, die für sich im Einzelnen stattfinden und auch mit anderen in der Gemeinschaft. Für die Spielleitung bedeutet dies eine bewusste und auch gut vorbereitete Arbeit. Es gibt kein Erfolgsrezept, das sich auf jede Gruppe anwenden lässt. Jedes Projekt stellt die Spielleitung vor eine neue Herausforderung. Die Übungen und Spiele müssen situationsorientiert abgestimmt werden. Um angemessen und aufbauend zu den Prozessen hinzuführen, ergeben sich für die Spielleitung erst einmal Fragen an sich selbst: Welche Spielformen und Spiele kenne ich? Welche Erfahrungen habe ich bisher gemacht? Kenne und berücksichtige ich die Bedürfnisse und Interessen der Spieler und Spielerinnen? Beachte ich ihre Lebenssituationen? Kann ich situationsgerecht handeln? Wie kann ich den Spielern und Spielerinnen helfen, eine unbefangene und vertrauensvolle Beziehung zum darstellenden Spiel zu entwickeln? Wie kann ich die Fähigkeiten der einzelnen Spieler und Spielerinnen achten und was kann ich tun,

---

[20] Vgl. Thiesen 1994, S. 13-14

dass sie diese einbringen können? Wie lassen sich Erfolgserlebnisse ermöglichen? Wie gehe ich mit schwierigen Situationen um? Handele ich empfindsam und behutsam?[21]

Eine neue Gruppe muss sich erstmal kennen lernen und miteinander warm werden. Dafür gibt es verschiedene Methoden. Einfache Spiele lockern auf und ermutigen. Spiele, bei denen sich die Konzentration auf eine Lösung lenkt, macht es den Darstellenden einfacher, sich vor anderen zu zeigen und zu agieren.[22] Wirksam sind Gruppenspiele, in denen Impulse entweder weitergegeben werden oder alle auf einen Impuls reagieren, der entweder von allen gleich oder mit Interpretationsfreiheit durchgeführt wird. Beim freien Spiel sind den Akteuren und ihren phantasievollen Ideen keine Grenzen gesetzt. Das gebundene Spiel basiert beispielsweise auf einem Text, mit dem weiter gearbeitet wird und besteht aus Regeln, die den Rahmen bestimmen. Anfängliche Hemmungen können bewältigt werden, wenn leicht verständliche und einprägsame Spielabläufe und Regeln gelten, wenn alle zur selben Zeit das gleiche tun und wenn der Spaß am Spiel eventuelle Ungeschicklichkeiten kaschiert und vergessen lässt.[23] Bevor der Ehrgeiz zu früh auf das Gelingen der Spiele zielt, geht es um das Vertrauen. Der Diplom-Sozialpädagoge Peter Thiesen beschreibt dies wie folgt: „Das Orientieren am „großen" Theater oder das Perfektionismusdenken eines ehrgeizigen Spielleiters wirkt sich am Anfang auf die Spieler eher blockierend aus und nimmt ihnen den Mut." So steht auch nicht unbedingt das Schauspiel vor Zuschauern als Höhepunkt aller Bemühungen im Fokus. Es kann, muss aber nicht das Ziel sein, sich vor fremdem Publikum zu präsentieren.[24]

4.2 Lernprozesse

„Das Spiel ist eine Sprache der Kinder."[25] Wenn sie spielen, sind sie sich dieser Tatsache gar nicht bewusst. Spielen ist eine Selbstverständlichkeit, ein Ausdruck des kindlichen Schaffens. Um Kinder zu erreichen, ist es wichtig, diese Sprache zu lernen und zu verstehen. Kinder wählen intuitiv Spiele entsprechend ihrer Entwicklung aus. So stehen Spielformen und Spielarten immer in Relation zum Alter und Persönlichkeitsentwick-

---

[21] Vgl. Thiesen 1994, S.15
[22] Vgl. a.a.O., S.16
[23] Vgl. a.a.O., S.16-19
[24] Vgl. a.a.O., S.16
[25] Strasser 2002, S.7

lung. Der Spielanlass kann Abbau von Spannungen, Bewältigung von Problemen und Konflikten, Entlastung und Selbstheilung bedeuten. Spielen ist also eine Notwendigkeit.[26]

Im szenischen Spiel, so Felix Strasser, finden Lernprozesse statt, in denen Lernende und Lehrende mit all ihren Sinnen aktiv sind. So wirken vielfältige Bedingungen, wie Raum, Zeit, Körper, Sprache und Interaktionen auf die sinnlichen Erfahrungen, wie sehen, hören, fühlen und auch riechen. Durch diese Wahrnehmungen können wir uns besser an unsere Erfahrungen erinnern und Gefühle, Gedanken und Phantasien sind greifbarer. Hierbei werden also bewusst Ausdrucks- und Verhaltensweisen aktiviert um Potenziale in den Erkenntnisprozess mit einzubeziehen.[27] Lernpsychologisch erklärt Reiner Schlamp, können Spiele dazu anregen, sich engagiert mit einer Sache auseinanderzusetzen, Lernhemmungen beiseite zu räumen oder sich dieser erst gar nicht bewusst zu werden und Frustration und Barrieren abzubauen.[28] Das szenische Spiel bietet eine Lernform, die sinnliche und emotionale Anteile darstellen kann. Hierfür reicht nämlich die Begriffssprache nicht aus. Sie kann nur erklären und rechtfertigen. Sinnlich-körperliche Erfahrungen kann sie nicht richtig benennen und erlebbar machen. Das szenische Gestalten ist also in der Lage, ganzheitliche Lernprozesse mit Hilfe der Vorstellungen und Wahrnehmungen der Kinder zu initiieren.

4.3 Beziehungsprozesse

Bevor aber all dies gelingen kann ist es von außerordentlicher Wichtigkeit sich mit dem Thema Beziehungen zu beschäftigen. Denn die Bindungsprozesse, die sich während der gemeinsamen Zeit entwickeln, dürfen nicht unterschätzt werden. Das Einlassen auf ein theaterpädagogisches Angebot fordert jeden und jede persönlich heraus. Jeder und jede kommt sich selber näher und lernt sich neu kennen. Dies sind besondere und zum Teil auch intime Erfahrungen. Dabei ist man aber nicht allein, sondern sozusagen unter Beobachtung und im Geschehen der Gruppe. Hohe emotionale Momente und Begegnungen können entstehen. Wichtig ist, diese zuzulassen und zu begleiten. Im Gruppenspiel wird soziales Verhalten erprobt und die Bereitschaft und Fähigkeit geübt auf andere

---

[26] Vgl. Strasser 2002, S.7
[27] Vgl. a.a.O., S.8-9
[28] Vgl. Schlamp, R. 1981, S. 11, zitiert nach Strasser 2002, S.7

einzugehen oder sie abzulehnen. Es wird auch vom „sozialisierenden" Effekt des Rollenspiels gesprochen. Es ist notwendig, sich verstärkt auf die Mitspieler und Mitspielerinnen einzulassen. Die Zusammenarbeit wird intensiviert und dadurch meist besser. Falls es manchen Kindern besonders schwer fällt, sich zu öffnen und frei vor anderen zu stehen, ist das Figurentheater eine sehr hilfreiche Form des Rollenspiels. Hierbei können sich Kinder erstmal hinter Figuren und Puppen verstecken. Vor Blicken und Publikum geschützt, wird es ermöglicht in höherem Maße ein unbefangeneres Sprechen und Handeln zu erproben.[29] Die Kontaktaufnahme zu anderen Kindern wird mutiger und leichter, was eine entkrampfende Wirkung zur Folge hat. Gemeinsam können neue Welten erschaffen werden, in denen „Angst auf Fehlverhalten hingewiesen zu werden, nicht existiert."[30] Der Umgang unter den Spielern und Spielerinnen kann unbefangener, näher und spontaner werden. Die Bindungen, die entstanden sind, dürfen über das Ende eines Projektes hinweg nicht vernachlässigt werden. Sie in ihrer Wichtigkeit und in ihrem Wert zu achten und einen wohltuenden Abschluss zu gestalten ist genauso schwer, wie sie zu Beginn zu finden und einzugehen. Doch das bewusste Verabschieden und das Wertschätzen der gemeinsamen Zeit und der Sympathien, die für einander gewachsen sind, ermöglicht es, sich auch wieder voneinander zu trennen und die Erfahrungen im Guten zu wahren.

5. Rollenvielfalt – Rolle der Spielleitung

5.1 Wer bin ich? Welche Rolle spiele ich? – Alltagsrollen erkennen

Das szenische Spiel beherbergt eine unerschöpfliche Fundgrube an Rollen, Charakteren, Phantasiefiguren, Märchenwesen u.v.m. Es steht frei, in welche Rollen man schlüpfen möchte. Jederzeit kann man sich den Umhang abstreifen, den Piratenhut wieder in die Kiste schmeißen und auf dem Besen davon fliegen. Sich in vielen verschiedenen Rollen erleben zu können, ist ein großes Abenteuer. Dinge, die scheinbar unmöglich sind, werden wahr. „'Das Auftreten der Figuren im Spiel hebt die Kinder aus der Wirklichkeit der Alltagssituation heraus und rückt sie in jene andere Wirklichkeit des Spieles, welcher Kinder sich weit mehr und leichter hingeben können als Erwachsene. '"[31] Und die-

---

[29] Vgl. Strasser 2002, S.57-59
[30] Strasser 2002, S.60
[31] Ellwanger, W./ Grömminger, A. 1989, s.125, zitiert nach Strasser 2002, S.59

se Wirklichkeit eröffnet ihnen Räume, in denen sie anders sein dürfen. Es steht ihnen frei, festsitzende und etikettierende Verhaltensweisen und Erwartungen, die andere an ihr Verhalten haben, abzulegen. Es ist, als würde man einen Schritt neben sich wagen, sich von außen betrachten und überlegen, wo und wie kann ich mich wohl fühlen. Wie gefalle ich mir? Verhaltensweisen können erprobt werden, ohne gleich darauf festgenagelt zu werden. Ruhige, zurückhaltende Kinder können sich in heldenhaften Charakteren erleben, die voran schreiten. Laute und lebhafte erfahren sanft und aufmerksam zu sein. So kann sich die Kraft einer Rolle auf das Kind übertragen. Als Räuber, der die Welt bewältigt kann eine Symbolfigur gefangen, gefesselt, geschlagen und getötet werden: Der Spielende oder die Spielende befreit sich dabei von Ängsten und Furcht, zum Beispiel vor Menschen aus der Umgebung oder auch aus der Familie.[32] Dabei entfernen sie sich zwar von typischen Verhaltensweisen, doch das bedeutet nicht, dass sie sich von sich selber entfernen. Vielmehr trägt dies bei der Selbstfindung- und offenbarung bei. Dabei können Kinder und auch Erwachsene eine große Spielfreude entwickeln, die vor allem die Lebensfreude fördert.[33]

5.2 Erproben – sich in verschiedenen Rollen erleben

Als Spielleitung ist es wichtig, diese Spielfreude zu unterstützen, zu begleiten und zu nähren. Es ist möglich, Impulse zu setzten, von denen aus sich für die Kinder Räume für eigene Interpretationen eröffnen. Solche Impulse können zum Beispiel sein:

- Verkleidungskiste offen anbieten, freies Spiel, viel Interpretationsraum

- Spielfiguren, Figurentheater

- Eine Geschichte erzählen, Rollen dieser übernehmen lassen, weiterspielen, ein Ende der Geschichte erfinden

- Verkleidungen aus einfachem Material, wie Papier, Wolle, Klebeband etc. selber herstellen, beleben

- Gegensätzliche Charaktere in einer Rolle vereinen bzw. kombinieren: schnelle/starke/muskulöse Oma, langsamer/kleiner Ritter, großzügiger/lieber Räuber u.v.m.

All dies sind Möglichkeiten, um sich in verschiedenen Rollen und Handlungsmustern zu erleben. Die Rollen können überzeichnet, komisch oder unrealistisch dargestellt wer-

---

[32] Vgl. Schlamp 1981, S.11, zitiert nach Strasser 2002, S. 7
[33] Vgl. Strasser 2002, S.56

den. Dadurch kann manchmal der Ernstcharakter des Rollenspiels gebrochen werden, damit die Verantwortung zurückgenommen wird. Für Kinder bedeutet das ein experimenteller Charakter, da die fiktive Situation mehr Spielraum bietet.[34] Soziale Verhaltensweisen werden deutlicher und leichter beurteilbar. „Im ‚Tun-als-Ob‘, im Einfühlen in das Handeln und Erleben der betrachteten oder selbst geführten Puppe, in der symbolischen Bearbeitung von Erfahrungen und der lustvoll erlebten Bewältigung von Hindernissen, Gefahren und Konflikten im dramatischen Figuren-Spiel gewinnt das Kind stets ein Stück seiner eigenen werdenden Persönlichkeit."[35]

5.3 Musterunterbrechung – Neue Handlungsmöglichkeiten entdecken und erleben

Im Spielerischen können Kinder sich gegenseitig beobachten. Dabei nehmen sie viele verschiedene Handlungsmöglichkeiten wahr, die sie übernehmen, nachahmen und testen können. Durch diese Nachahmung wird die Aufmerksamkeit stärker auf das Verhalten der Mitmenschen und das eigene gelenkt. Es kann zur Typisierung und gleichzeitig zur Stärkung der Differenzierungsfähigkeit führen. Mit beidem können Verallgemeinerungen und Vorurteile abgebaut werden.[36] Nun haben wir alle Vorurteile von anderen und müssen uns auch mit Vorurteilen, die andere von uns haben, auseinandersetzen. Durch die Rollenvielfalt können neue Handlungsmuster kennengelernt und ausprobiert werden. Die Toleranz für das eigene und das Verhalten anderer wird größer, das Wissen um Vielfalt weiter. Dies kann zur nachhaltigen Verhaltensänderung führen. Hierbei geht es nicht nur darum, etwas zu ändern, sondern sein Handlungsrepertoire zu erweitern und Sicherheit für dieses zu gewinnen. Durch Impulse sollen die Kinder zum eigenen Denken und Nachtragen angeregt werden. Philosophische Fragen zu Themen, wie Sterben, Tod, ein Leben danach, Geburt etc. können aufgeworfen werden.[37] Auch hier kann man den Umgang mit diesen lebensnahen Ereignissen durch das schlüpfen in Rollen entdecken. Diese Erfahrungen können dann, unabhängig einer schützenden Rolle, im eigenen Leben erprobt und umgesetzt werden. Für all diese Entwicklungen, Phasen und Erfahrungen braucht man viel Zeit. Dem oder der jeweiligen Pädagogen und Pädagogin muss

---

[34] Vgl. Ellwanger, W./ Grömminger, A. 1989, S.121, zitiert nach Strasser 2002, S.57
[35] a.a.O., S.135, zitiert in S.56
[36] Vgl. Thiesen 1994, S. 13
[37] Vgl. Strasser 2002, S.79

klar sein, dass die Arbeit mit dem szenischen Spiel, wenn sie wirkungsvoll sein soll, nicht „mal eben" durchgenommen werden kann.[38]

6. Praxis – Durchführung

6.1 BeiSpieleinheit – Spiele und Übungen

Schrittweise können aufeinander aufbauende Erfahrungen und Erkenntnisse vermittelt werden. In der spielpädagogischen Praxis gibt es ein vierstufiges Modell, das Peter Thiesen folgendermaßen beschreibt:

„Ziele	Spielformen
1. Stufe: Kennenlernen (bei fremden Teilnehmern), Lockerung, „Erwärmung", Aktivierung, Spielfreude/ Spaß entwickeln, Einstieg mit einfacheren Spielformen	Interaktionsspiele, Spiele zur Auflockerung, Bewegungs- spiele, Warming-up-Spiele
2. Stufe: weiterhin Lockerung und Kennenlernen, Ver- besserung der Wahrnehmungs- und Ausdrucksmöglich- keiten, (...) vom nonverbalen zum verbalen Spiel	Scharaden, einfache panto- mimische Spiele, (...) Erzähl- und Diskussionsspiele
3. Stufe: Verbesserung der Kooperation, vertraute Atmosphäre, Vertiefung der Spielbereitschaft, (...)	Stegreifspiel, spontane Spiele, Improvisationen, (...) Dialogisches und problem- Orientiertes Rollenspiel (...)
4. Stufe: längere Spielgestaltungen, von der Schützenden Spiel- und Aktionsgruppe zum Eigen- versuch vor Publikum	Theateraufführungen (perso- nales und figurales Spiel), Kabarett, technisch-mediales Spiel"[39]

Ich werde beispielhaft ein paar ausgewählte Spielmöglichkeiten kurz nennen und be- schreiben, um einen skizzenhaften Eindruck von einer möglichen Einstiegsgestaltung eines Projektes zu bekommen. Diese kenne ich aus meiner eigenen Erfahrung oder un- terfüttere sie mit Ideen aus Tiehsens Spiel- und Ideenbuch.

---

[38] Vgl. Strasser 2002, S.79
[39] Thiesen 1994, S.16

- Kennenlernspiel – Vorstellen:

Es werden Paare von der Spielleitung gebildet. Diese können sich gemeinsam einen Platz im Raum suchen, an dem sie sich miteinander austauschen können. Es gilt in relativ kurzer Zeit so viele Informationen (Herkunft, Geschwister, Lieblingsessen, Hobbys, größter Wunsch etc.) wie möglich über das Gegenüber zu erfahren und sich zu merken. Wenn die Zeit rum ist, treffen sich alle und bilden ein Publikum. Auf der „Bühne" steht ein Stuhl. Nacheinander geht ein Paar auf die Bühne. Beispielsweise darf Paul Platz nehmen, Zaid stellt sich hinter die sitzende Person. Nun nimmt Zaid die Rolle von Paul ein. Alles, was sich Zaid von Paul merken konnte, darf er nun aus der Ich-Perspektive dem Publikum erzählen (Zaid ist nun Paul). Die Zuschauer dürfen Fragen zur Person stellen. Egal, ob man nun weiß, wie Paul darauf antworten würde. In dem Moment darf sich Zaid alles Mögliche ausdenken und erfinden und möglichst so überzeugend wie möglich rüberbringen. Dann wird getauscht.

Wir wollen die menschlichen Ausdrucksmöglichkeiten, wie Körper, Sprache, Mimik und Gestik erforschen und entdecken. Hierbei geht es um basale Spiele, die nur wenig Material, sondern vor allem uns selber, benötigen.

- Aufwärmen:

Kreuz und quer durch den Raum laufen. Alle 30 bis 60 Sekunden gibt die Spielleitung Anweisungen, die von der Gruppe ausgeführt werden:
- Beim Laufen achten wir auf uns selbst. Jetzt schauen wir in die Gesichter der anderen.
- Wir gehen gelöst-ängstlich-rhythmisch-müde-überglücklich-auf heißem Sand...
- Immer zwei nähern sich: laut, lachend, hustend, schreiend, räuspernd...
- Zu zweit eine Glasscheibe tragen. Nicht mit anderen zusammen stoßen!
- Wir treffen Freunde, die wir seit Jahren nicht mehr gesehen haben und begrüßen uns voller Freude, überschwänglich.
- Wir verabschieden uns, als würden wir uns sehr lange nicht mehr sehen. u.v.m.[40]

- Pantomime – Sinne und Empfindungen zum Ausdruck bringen:

Ich sehe etwas Erfreuliches, Ekelerregendes...

Ich höre näherkommende Furcht einflößende Schritte, fröhliche Musik...

Ich rieche einen leckeren Kuchen, Medizin,...

---

[40] Vgl. Thiesen 1994, S.21

Ich schmecke ein sehr scharfes Essen, eine saure Zitrone,

Ich fühle die Kälte eines Eisblocks, ohne ihn zu berühren, ein wärmendes Feuer...[41]

- Stegreifspiel – Improvisation – Alltagsszenen darstellen:

Zettel, auf denen eine Situation beziehungsweise ein Ort stehen, werden verteilt. Jeweils 2-3 Spieler und Spielerinnen denken sich dazu gemeinsam eine Szene aus. Diese können real, kurios oder utopisch sein. Zettel – Anregungen:

- bei der praktischen Fahrprüfung (Rollen, die sich die Gruppe dazu überlegen könnte: aufgeregter Prüfling, genervter Fahrlehrer, strenger Prüfer)

- Fremde auf einer Parkbank

- Lottogewinner im Lottogeschäft

- In einer Kassenschlange im Supermarkt... und vieles mehr[42]

All diese Spiele können schon wunderbare Grundlagen für weiteres experimentieren, amüsieren, erleben und gestalten sein. Sie können immer individuell von den AkteurInnen weiterentwickelt werden.

6.2 Rituale und Rollenidentifikationen

Rituale geben einen sicheren Rahmen. Sie sind etwas immer wieder kehrendes, etwas Bekanntes, auf das man sich freuen kann. Sie können den gemeinsamen Beginn und Abschluss formen. Sie erleichtern, sich auf die gemeinsame Zeit, auf die Rollen und Spiele einzulassen. Wie die Rollen angenommen werden, so werden sie auch wieder abgestreift. Die Identifikation mit einer Rolle kann oft sehr intensiv werden. Die Stimmungen und Verhaltensweise werden übernommen. Manchmal wird man diese gar nicht mehr so einfach los. So ist es hilfreich und wichtig, einen gemeinsamen Ausstieg zu finden. Das bedeutet nicht, alles zu vergessen und hinter sich zu lassen.   Es wird ein- und aufgetaucht. Jedes mal wieder neugierig und reicher.

---

[41] Vgl. Thiesen 1994, S.45
[42] Vgl. a.a.O., S.57

7. Schlussbemerkung

Nun stehe ich am Ende meiner Facharbeit und bin sehr froh, dieses Thema so eingehend bearbeitet zu haben. Es war eine gute Chance für mich meine nicht ganz einfachen Erfahrungen mit Theaterpädagogik zu reflektieren. Darüber hinaus konnte ich wieder an mein positives Bild von Theaterpädagogik anknüpfen und das große Potenzial, das in ihr steckt, neu entdecken und mein Wissen vertiefen. Dabei bin ich auf sehr viel spannende Literatur gestoßen, was ich vorher nicht erwartet hatte. Ich kann mir gut vorstellen, in meinem beruflichen Leben diesem besonderen pädagogischen Ansatz immer wieder Raum zu geben und bin gespannt, wie mir das gelingen wird.

Im Blick auf meine Ausbildung fällt mir im Nachhinein auf, dass Theaterpädagogik an unserer Schule in Botnang nur am Rande behandelt wird. Ich würde mir wünschen, dass sie in ihrer Bedeutung mehr Beachtung findet.

Zum Abschluss möchte ich diesen Gedanken mit einem Zitat von Helga Gruber unterstreichen: „In unserer Zeit werden wir überschüttet mit Stimulanzien, die nur äußerlich wirken, auf rasche Bedürfnisbefriedigung abzielen, auf schnelles Kaufen und Konsumieren. Es herrscht ein Mangel an Erlebnissen, die uns wirklich erfüllen und uns helfen, unsere Persönlichkeit zu stärken. In diesem Zusammenhang ist das kreative Verweilen bei einem Theatererlebnis, der Austausch und das Nachspüren von Gedanken und Gefühlen, ohne sie zu analysieren und zu zerlegen, ohne sie zu bewerten und zu bemessen, bedeutend."[43]

---

[43] Gruber: Erste Erfahrung: Theater ist eintauchen in eine andere Welt

Literaturverzeichnis

- Böhnisch, Lothar 1994: Gespaltene Normalität. Weinheim und München, zitiert nach Münchmeier, Richard 1999: Kindheit und Familie im Wandel – neue Herausforderungen. In: Bremische Ev. Kirche, Landesverband Ev. Tageseinrichtungen für Kinder (Hg .) (1999): Qualität für Kinder. Seelze-Velber: Kallmeyer. S. 9-22

- Ellwanger, Wolfram/ Grömminger, Arnold 1989: Das Puppenspiel – Psychologische Bedeutung und pädagogische Anwendung. Herder Verlag, Freiburg, Basel, Wien zitiert nach Strasser, Felix 2002: Figurentheater in der Grundschule – Handbuch für Theorie und Praxis. Schneider Verlag Hohengehren GmbH

- Gruber, Helga: Die Bedeutung des Theaters für Kinder heute – Theater als Erfahrungsfeld zur Entwicklung von neuen Methoden in der Pädagogik. In: Theaterpädagogische Zeitschrift für Berlin und Brandenburg. URL http://www.spielart-berlin.de/rubriken/paedagogik.html (Stand: 08.01.2014)

- Hochschule für Künste im Sozialen, Ottersberg – Theater im Sozialen – Theaterpädagogik. URL http://www.hks-ottersberg.de/studium/theaterpaedagogik/ (Stand: 10.01.2014)

- Knaak, Jennifer: Was ist eigentlich Theaterpädagogik? URL http://www.jennifer-knaak.de/biodanza/theaterpaedagogik.html (Stand:10.01.2014)

- Münchmeier, Richard 1999: Kindheit und Familie im Wandel – neue Herausforderungen. In: Bremische Ev. Kirche, Landesverband Ev. Tageseinrichtungen für Kinder (Hg.) (1999): Qualität für Kinder. Seelze-Velber: Kallmeyer. S. 9-22

- Schlamp, Richard 1991: Rot und blau ist dem Kasper seine Frau – Figurentheater in Schule und Freizeit. Don Bosco Verlag, München zitiert nach Strasser, Felix 2002: Figurentheater in der Grundschule – Handbuch für Theorie und Praxis. Schneider Verlag Hohengehren GmbH

- Strasser, Felix 2002: Figurentheater in der Grundschule – Handbuch für Theorie und Praxis. Schneider Verlag Hohengehren GmbH

- Thiesen, Peter 1994: Drauflosspieltheater – Ein Spiel- und Ideenbuch für Kindergruppen, Schule und Familie. Beltz Verlag, Weinheim und Basel

- Wikipedia: Darstellendes Spiel. URL http://de.wikipedia.org/wiki/Darstellendes_Spiel (Stand: 23.02.2014)

- Winter, Matthias: Ratgeber & Tips zur Ausbildung Theaterpädagogik. URL http://www.ausbildung-theaterpädagogik.de/html/theaterpaedagogik-einfuehrung.html
  (Stand: 20.02.2014)

.